〝日本書紀〟とはなにか

――『続日本紀』の撰上記事の再検討――

荊木美行

はじめに

『続日本紀』養老四年（七二〇）五月二十一日条には、

先レ是。一品舎人親王奉レ勅。修二日本紀一。至レ是功レ成奏上。紀卅巻。系図一巻。

とあって、国史の完成・撰上のことがみえている[1]。このとき奏上された「紀卅巻」が現行の『日本書紀』三十巻のことを指すことは、ほぼ定説といってよい。筆者も、その点には異論がない。ただ、この国史が本来なんと称されていたかについては、こんにちなお議論があり、以下のような二説が対立しているのが現状である。

㈠完成を記した右の記事に「日本紀」とあるところから、本名は「日本紀」で、のちに「書」の字が加わった。

㈡「日本書紀」が本名で、「日本紀」はその後盛んに用いられるようになった通称である。

学界の動向としては、㈡の「日本書紀」本名説に傾きつつあるように思うが、近年、塚口義信《つかぐちよしのぶ》氏が新たな提説をおこなったことにより、問題は振り出しに戻った感がある。

六国史第一の書がいかなる名称を有していたかを解明することは、たんに書名の考証にとどまらない。それは、この書物がなにを書きしるすことを目的としていたのかという、編纂の意図を探ることを意味する。「〝日本書紀〟とはなにか」という題目を掲げたのも、書名に関する議論を手がかりに、この書の性格についてあらためて検討したいと考えたからである。微意をお汲みとりいただければ、幸いである。

一、研究小史

最初に、書名に関するこれまでの研究をかんたんに振り返っておきたい。前述のように、養老四年に撰上された国史には、「日本書紀」とは別に「日本紀」という称謂がある。それは、この書のことを記した史料に二様の表記がある事実からも疑う餘地はない。しかも、のちには「日本紀」のほうが優位に立つことも周知のとおりである。では、本来の書名はどちらだったのであろうか。

かつては、伴信友《ばんのぶとも》のように、「日本紀」を本来の書名とする研究者が主流であった[2]。信友は、

①『続日本紀』養老四年五月二十一日条がこの書物の完成をのべた記事のなかで、「日本紀を修む」と記している、

②その後の国史が、『続日本紀』とか『日本後紀』とか「日本紀」の名を採っている、

③弘仁年間（八一〇～八二三）以前の書物には、「日本紀」と書いた例が多く、「日本書紀」と記されるのは、『日本書紀私記』甲本（『弘仁私記』）序をはじめとして、弘仁の頃から始まったと考えられる、

という諸点から、もとは「日本紀」だったものを、弘仁のころの文人が「日本書紀」と称し、それが定着したのだと推測した。こうした「日本紀」本名説は、いかにも理路整然としており、間然するところがない。しかし、まっ

「古典と歴史」の会　会規

一、本会は、「古典と歴史」の会と称し、古典の研究、古典を通じての歴史研究を目的とする。
二、会の事業として、『古典と歴史』の発行及び講演会・研究例会その他を行う。
三、本会は、会の趣旨に賛同する正会員と学生会員とにより組織される。
四、投稿は会員に限る。ただし、会員の推薦がある場合はこの限りではない。
五、投稿された原稿の採否は、審査委員の査読を経て、編輯委員会で最終的に決定する。
六、投稿された原稿は、適宜、論文・研究ノート・史料紹介・学界動向・書評・新刊紹介などに分類・排列して掲載する。枚数制限はとくに設けないが、長文にわたるものについては、紙面の都合で複数回に分載する場合がある。
七、原稿は、『古典と歴史』編輯委員会において最低限の統一を施すが、章節の分けかた、注のスタイルはおおむね執筆者の判断に委ねる。なお、掲載を前提として、編輯委員会が執筆者に対し、部分的な修正をもとめることがある。
八、原稿は電子媒体の形式で提出することが望ましいが、手書き原稿も受理する。
九、執筆者には掲載誌一〇部を進呈するが、経費の関係で抜刷は製作しない。
十、掲載原稿については、掲載後一年間は他誌や自著への転載は見合わせていただく。
十一、本誌は不定期刊行ゆえ、原稿の締め切りはとくに設けず、原稿が整い次第、次号の編輯にかかる。

古典と歴史

10

「古典と歴史」の会

燃焼社

たく疑問がないわけではない。たとえば、坂本太郎氏は、信友説に対し、つぎのような疑問を呈しておられる。(3)

ⓐ「書」の字が、文人のさかしらによるものだとすると、そのような頼りないことから起こった名が、後世堂々と本名のように用いられた理由が説明できない。

ⓑ奈良時代に記された史料のなかにも「日本書紀」と表記した例が存在する。

ⓒ現存する『日本書紀』の古写本は、内題・尾題ともにみな「日本書紀」と記す。

ⓓ養老四年条の「日本紀」はあくまで撰者の文であり、『続日本紀』の撰進された延暦十年代（七九一〜八〇〇）の『日本書紀』の呼称を示すに過ぎない。

ⓔ同様に、『続日本紀』が「日本紀」の名を採っているのも、延暦のころの呼び方をあらわしたものである。

右の指摘でもっとも重要なのは、ⓑである。公式令集解所引の古記（天平十年前後に書かれた大宝令の注釈書）に「日本書紀巻第一云」ではじまる引用があることや、『萬葉集』の左注に「検日本書紀」「日本書紀曰」とみえること（六・一八番歌左注）に注意を払わなかったのは、信友の迂闊である。③が成立しなければ、彼の主張は大きな拠りどころを失うことになる。

では、「日本書紀」が本名だとすると、こうした書名は、なにに由来するものであろうか。

神田《かんだ》喜一郎《きいちろう》氏は、「日本書紀」の「書」は、『漢書』『後漢書』など紀伝体の正史に用いられている「書」と同じであり、本来の書名は、「日本書」であったとされる。そして、その「日本書」には「紀」（皇帝の動静を編年順に記したもの。「本紀」とも）しか存在しなかったので、それをあきらかにするために、書名の下に小字で「紀」と記していたが、それがいつしか書名に組み込まれたと考えておられる。(4)

神田氏の所説は、伝写の過程で書名が変化したとみる点に特色があるが、粕谷《かすや》興紀《おきのり》氏は、さらに進んで、完成当初から「日本書紀」であったとされる。(5)すなわち、氏によれば、范曄《はんよう》が『後漢書』を撰んだとき、その「帝紀」「列伝」をそれぞれ「後漢書紀」「後漢書列伝」と題したが、「日本書紀」という書名もこれに倣ったもので、「日本書の帝紀」の意味で名づけられているという。(6)

粕谷説はたしかな論拠にもとづくもので、大いに説得力がある。『日本書紀』は「志」「表」「列伝」を完備した紀伝体ではなく、純然たる編年体の史書だったので、やがて実態に則して、「日本紀」と称されるようになったと考えれば、両様の書名が併存する事実も合理的に説明できる。

こうした堅実な論文が出たことによって、書名論も決着をみたかに思われたが、その後も、書名をめぐる議論はつづいている。(7)ただ、それらはおおむね「日本紀」本名説か、「日本書紀」本名説か、いずれかの立場で論じたものであった。

ところが、近年になって、これまでの議論を根底から覆すような劃期的な新説が発表された。それが、冒頭でもふれた塚口氏の研究である。(8)同氏の説はきわめて明快で、さきに引いた養老四年五月条を、

これより以前に、一品の舎人親王は、勅命を受けて「日本紀」を撰修した。このたび、〔それが〕完成したので、天皇に奏上した。〔奏上した〕「日本紀」〔の中身〕は、「紀卅巻」と「系図一巻」である。

と解釈することにより、「日本紀」とは「紀卅巻」と「系図一巻」の総称であるとされたのである。こうした理解を踏まえて、塚口氏はつぎのようにのべておられる。

今に伝わる『日本書紀』の古写本がすべて巻首や巻尾に「日本紀」と記さず、『日本書紀』としるしている不可思議な現象も、このように理解すると直ちに氷解する。そしてまた、『日本書紀』と「日本紀」に対する後世の取扱いで、一方を正しい名称とし、他方をそうではないとした様子が全くないのも、両者の名称がともに

正式の名称として認められていたことを示している。

さらに、氏は、こうした解釈を傍証するものとして、まず、『弘仁私記』序の、

夫日本書紀者、（中略）一品舎人親王、（中略）従四位下勲五等太朝臣安麻呂等（中略）奉ㇾ勅所ㇾ撰也。先是、浄御原天皇御宇之日（中略）有二舎人一。姓稗田、名阿礼、年廿八（中略）為人謹恪、聞見聴慧。天皇、勅二阿礼一、使ㇾ習二帝王本記及先代旧事一、（中略）未ㇾ令二撰録一、世運遷ㇾ代。豊国成姫天皇臨軒之季（中略）詔二正五位上安麻呂一俾ㇾ撰二阿礼所誦之言一。和銅五年正月廿八日、（中略）初上二彼書一。所謂古事記三巻者也。清足姫天皇負扆之時、（中略）親王及安麻呂等、更撰二此日本書紀三十巻、并帝王系図一巻一。今見在図書寮及民間也。[9]（中略）養老四年五月廿一日（中略）功夫甫就献二於有司一。（後略）

という記述をあげておられる。傍線部分が、さきの『続日本紀』養老四年五月条に対応することは明白だが、氏は、両者の比較から、『続日本紀』の「紀（紀卅巻）」「系図（一巻）」の具体的な名称が、それぞれ「日本書紀（三十巻）」「帝王系図（一巻）」であったと解釈される。そして、「日本書紀私記」甲本の本文が「帝王系図」にはまったく無関心で、もっぱら「日本書紀」だけを対象としていることや、鎌倉時代末期の成立とみられる『本朝書籍目録』が「日本書紀三十巻」と「帝王系図一巻」とを別々に記載する例をあげ、これらもまた「日本書紀」は「帝王系図」をふくまない史書であったことを物語るとしておられる。

以上の塚口氏の理解を図式化すれば、つぎのとおりである。

日本紀
- 紀卅巻＝日本書紀（三十巻）
- 系図一巻＝帝王系図（一巻）

※「紀」は「系図」を含まない。

従来、多くの研究者が「日本紀」か「日本書紀」かの二者択一でとらえようとしたのに対し、どちらの表記も正式なものであると認めたうえで、その意味するところの違いを説明した塚口説は斬新であった。

もし、右の解釈が正しければ、従来の通説は大幅な修正を迫られることになるが、筆者は、塚口説にはなお検討の餘地があると考えている。そこで、以下は、おもに養老四年五月条の解釈を中心に、この問題に対する私見をのべたい。

二、塚口説への疑問

まず、塚口氏も引用しておられる『弘仁私記』序の記述を取り上げる。

新訂増補国史大系第八巻に日本書紀私記甲本として掲げられるものが『弘仁私記』であることは、粕谷氏の研究によってあきらかである。[10] また、そこに附された序が、弘仁末年をあまり下らぬ時期に記された、まさしく『弘仁私記』の序文であることも、同氏の指摘されたとおりである。

さきに掲げた『弘仁私記』序の冒頭部分は、記紀の成立に言及したものである。撰者に舎人親王とともに太安万侶の名前をあげたり、『続日本紀』が「系図一巻」と書くものを「帝王系図一巻」と言い換えるなど、独自の情報をふくんでいるが、なかでも注意を惹くのは、「日本紀」という名称がみえない点である。

『続日本紀』養老四年五月条と『弘仁私記』序とは、ともに国史の完成を伝えているが、記述には出入りがあるので、序の執筆者（多人長か）が『続日本紀』に拠って文をなしたのではないと考えられる。してみると、序が「更撰㆓此日本書紀三十巻并帝王系図一巻㆒」としか記さないのは、撰上時には「日本紀」という語がまだ存在しなかったことを示唆している。もし「日本紀」が「日本書紀＋帝王系図」の正式名称ならば、『弘仁私記』序もかならずやその名をあげたはずである。にもかかわらず、そうしていないのは、「紀卅巻」「系図一巻」を総括する名称として「日本紀」などという語がなかったからではあるまいか。

むろん、「日本紀」という表記自体は、すでに奈良時代の資料にみられる。そのことは、『萬葉集』の左注に「日本紀」という表現が多数みえることからも証明できる。[11] しかし、それが完成時にまで遡るという保証はない。しかも、「紀卅巻」「系図一巻」の総称として「日本紀」が完成当初から存在したとなると、以下にのべるような不都合が生じるのである。

宮中で定期的に開催された日本書紀講書のことはよく知られている。さきに言及した『弘仁私記』も、弘仁年間に実施された二度目の講書の記録である。現在、「日本書紀私記」には、甲本・乙本・丙本・丁本と称される四種が残されているが、このうち、甲本は弘仁度の、丁本は承平度の講書の記録である。さらに、『釈日本紀』には「私記曰」として元慶度のものをはじめとする私記が夥しく引用されることも、周知のとおりである。

ただ、こうした私記、とくに、訓注部分がほぼ完全な形で残る『日本書紀私記』甲本（『弘仁私記』）をみても、そこで講義の対象とされているのは、いずれも本文の語句である。「系図一巻」を扱った形跡はどこにもない。[12]

塚口氏が、これを「日本書紀」が「帝王系図」をふくまない史書であることの証拠とされたことは、前述のとおりである。その理解は正しいと思うが（後述参照）、だからといって、「日本紀」を「紀」「系図」の総称とする解釈はいかがであろう。

筆者がこの点を疑問視するのは、つぎのような史料がみえるからである。すなわち、『続日本後紀』承和十年（八四三）六月一日条には承和講書について、

令下知二古事一者散位正六位上菅野朝臣高年。於二内史局一。始読中日本紀上。

とあり、同十一年（八四四）六月十五日条に、

日本紀読畢。

とみえている。また、『日本三代実録』元慶二年（八七八）二月二十五日条にも、

於二宜陽殿東廂一。令下二従五位下行助教善淵朝臣愛成一。始読中日本紀上。従五位下行大外記嶋田朝臣良臣為二都講一。
右大臣已下参議已上聴二受其説一。

とあり、同三年（八七九）五月七日条に、

令下二従五位下守図書頭善淵朝臣愛成一。於二宜陽殿東廂一。読中日本紀上。喚二明経紀伝生三四人一為二都講一。大臣已下毎日聞読。前年始読、中間停廃、故更始読焉。

とあり、さらに、同六年（八八二）八月二十九日条にも、

於二侍従局南右大臣曹司一。設二日本紀竟宴一。先レ是。元慶二年二月廿五日、於二宜陽殿東廂一。令下二従五位下助教善淵朝臣愛成一。読中日本紀上。（中略）五年二月廿五日講竟。至レ是。申二澆章之宴一。親王以下五位以上畢至。抄二出日本紀中聖徳帝王有レ名諸臣一。分下充太政大臣以下。預二講席一六位以上上。各作二倭歌一。自餘当日探レ史而作レ之。（後略）

とあって、元慶講書のことが委しく記されている。

右の史料で注意したいのは、いずれの場合にも「読日本紀」とあって「読日本書紀」とは記されていない点である。塚口説では、「日本紀＝日本書紀＋系図」であるから、右の記事に「日本紀」とある以上は、講書は「日本書紀」と「系図」の両方を対象としたものでなければならない。しかるに、さきにものべたとおり、実際の講書では「紀

卌巻」(『弘仁私記』序のいう「日本書紀三十巻」)しか扱っていないのだから、ここにいう「日本紀」は「日本書紀」のことを指していると判断せざるをえない。[13]

また、汝陰王銍《ちつ》の「重刻両漢紀後序」に「其事咸萃於編年、故曰紀。其事分於伝・表・紀・志、故曰書」とあることからもわかるように、[14]中国では編年体の歴史書を「紀」、紀伝体のそれを「書」と題するのを例としていた。[15]その伝でいくと、「日本・紀」は、日本のことを記した編年体の歴史書という意味であり、いっぽうの「日本書・紀」は紀伝体である「日本書」の本紀という意味になる。しかし、修史局の人々が、このような相反する概念をふくむ用語を併用するような愚をあえて犯したであろうか。筆者は、この点を疑問に思う。

そのように考えると、どうも「日本紀＝日本書紀＋系図」という解釈には無理があるように思う。そもそも、「日本紀」を完成当初からの名称とする説では、『続日本紀』養老四年五月条が大きな拠りどころとなっている。しかし、後述のように、この記事には問題があると考えられるので、これをもとに「日本紀＝日本書紀＋系図」説を主張するのは、いささか心許ない気がする。

三、養老四年五月条の「日本紀」

ならば、『続日本紀』養老四年五月条にみえる「日本紀」は、いったいなにを意味しているのだろうか。「日本紀」が「紀卅巻」と「系図一巻」を包括した用語でないとすると、「修二日本紀一」とはどのような事実をのべたものなのだろうか。

この問題を考える手がかりとなるのが、『続日本紀』の完成について記した『日本後紀』の記事である。よく知

られた記事だが、同書の延暦十六年（七九七）二月十三日条には、

是日。詔曰。天皇詔旨良麻止勅久。菅野真道朝臣等三人。前日本紀与利以来未二修継一在留久年乃御世御世乃行事乎勘捜修成弖。続日本紀卅巻進留労。勤美誉美奈毛所念行須。故是以。冠位挙賜治賜波久止勅御命乎聞食止宣。

とあって、『続日本紀』の完成に対する功労を賞した宣命がみえており、さらに、同年二月十七日条には、

太政官史生従七位下安都宿祢笠主。式部史生賀茂県主立長叙二位一階一。中務史生大初位下勝継成。民部史生大初位下別公清成。式部書生無位雀部豊公一階。以レ供二奉撰日本紀所一也。

と、関係者への叙位のことが記されている。

ここでわれわれの目を引くのは、前者が「日本書紀」のことを「前日本紀（前《さき》の日本紀）」といい、後者が『続日本紀』の編纂局を「撰日本紀所（日本紀を撰ぶ所《つかさ》）」と呼んでいる点である。こうした表記は、『日本書紀』のあとを承けて『続日本紀』がまとめられつつあった延暦十年代には、「日本紀」が「国史」（the history of a nation）の意味でも用いられていたことを証している。のちに『新国史』を編むために「撰国史所」が置かれたが（『類聚符宣抄』巻第十「可給上日人々」など参照）、右引の史料にみえる「日本紀」も、この場合の「国史」とおなじような意味だと考えられる。(16) そうなると、養老四年五月条の「修二日本紀一」も、国史を編纂したというほどの意味に解釈することが可能である。(17)

ただ、そのように考えると、ここに並記された「紀卅巻」と「系図一巻」とはワンセットということになるが、こうした理解ははたして正しいであろうか。

この点に関しては、旧稿でもふれたことがあるが、(18) 筆者は、「系図一巻」はあくまで「紀卅巻」とは別物だと思っている。言い換えれば、「系図一巻」は「紀卅巻」に附属するものではないと考えるのである。

右のように判断する理由はいくつかあるが、第一にあげられるのが『本朝書籍目録』の記載である。この記事のことはさきにもふれたが、同書の「帝紀」の部には、

日本書紀　三十巻　舎人親王撰、従神代至持統、凡四十一代

とある。[19]これが現行の『日本書紀』三十巻を指すことは疑いないが、これとはべつに、「氏族」の部には、

帝王系図一巻　舎人親王撰

という記載がある。[20]こちらが「系図一巻」に相当することはこれまた異論をさしはさむ餘地はないが、ここで「帝王系図」が「日本書紀」とは別の書物として記載されていることは見逃しがたい。

『本朝書籍目録』が書かれた鎌倉時代に「系図一巻」が存在していたかどうかは不明であり、目録の編者が実物をみていたのかも確認はできない。しかし、すくなくともこうした分類が、「紀卅巻」と「系図一巻」とに対する古くからある認識を反映したものであることは認めてよいと思う。そうなると、どうやら、「日本書紀三十巻」と「帝王系図一巻」は、かなり早い段階から別の書物として認識されていたと考えられる。ことによると、そうした認識は、両者が完成した時点から存在したのかも知れない。「紀卅巻」と「系図一巻」とが別の書物であったと言い切るのは勇気の要ることだが、筆者はその可能性が大きいと思う。

さきに引用した『弘仁私記』序でも「更撰二此日本書紀三十巻并帝王系図一巻一」と記されており、あたかも両者は対等であるかのような書きぶりである。「并」は「A并B」の形をとり、同等のものを並列する際の接続詞だが、

「日本書紀卅巻」并「帝王系図一巻」

という筆法は、『本朝書籍目録』の分類を念頭におくと興味深いものがある。この序では、「夫日本書紀者、(中略)一品舎人親王、(中略)従四位下勳五等太朝臣安麻呂等(中略)奉レ勅所レ撰也」という文言にはじまり(ここで「帝

王系図」にふれていない点も注意すべきである）、『古事記』の編纂の記述を挟んで、「清足姫天皇負扆之時、親王及安麻呂等、更撰二此日本書紀三十巻、并帝王系図一巻一」と、ふたたび「日本書紀」と「帝王系図」の編纂に話を戻している。この部分は

　元正天皇の治世に、舎人親王と太安万侶らが〔『古事記』に加えて〕さらに〔冒頭でのべた〕この日本書紀三十巻と、併せて帝王系図一巻とを撰んだのである。

という意味だろうから、あきらかに「帝王系図一巻」は「日本書紀三十巻」とは別に扱われている。

むろん、ともに舎人親王のもとでまとめられ、しかも同時に撰上されたことを思えば、両者の間になんらかの関係性が存したことは認めねばなるまい。あくまで想像だが、「系図一巻」は、修史局における「紀卅巻」編纂の過程で派生した副次的な産物だったのかも知れない。「系図一巻」が現存しない現状では、そこになにが記されていたのかは知る由もないが[21]、たとえ内容が不明でも、「系図一巻」が「紀卅巻」とワンセットではなかったとすると、以下のような疑問にうまく答えることができる。

たとえば、歴代の日本書紀講書が「紀卅巻」しか取り上げていないことも、両者が一体ではないとすれば、当然のことである。また、「紀卅巻」が完全な形でこんにちに伝わっているのに対して、「系図一巻」のみが散逸したことも、両者が別物だったからだと考えれば合点がいく。さらに、『続日本紀』以下の五国史に「系図」がないのも、そもそも「系図一巻」が「紀卅巻」に附随するものでないなら、これまた当然である。

このようにみていくと、『続日本紀』が「日本書紀」と「系図」を「修二日本紀一」として一括して記すのは、どうも適切な叙述とはいいがたい。では、なにゆえこのような記述が生じたのであろうか。

たしかなところは不明とするほかないが、まず『続日本紀』の編纂事情に思いを致す必要があろう。すなわち、

養老四年五月条をふくむ『続日本紀』前半二十巻が、もと三十巻だったものを二十巻に圧搾したものであることはよく知られている。

㈠本条が記事の重要度にもかかわらず簡略である（撰上の際の上表文も残っていたはずだが、ふれられていない）、

㈡舎人親王の「奉勅」のことがみえない、[22]

㈢前後に国史編纂にかかわった関係者への報償記事も見当たらない、

などの点を考慮すると、圧縮の段階で関係史料が省略された可能性も否定できない。[23]

これがたんなる想像でないことは、「紀卅巻」「系図一巻」という表記からもうかがうことができる。この二つが「日本書紀卅巻」「帝王系図一巻」であることは『弘仁私記』序との比較からあきらかだが、それを「紀卅巻」「系図一巻」と書くのは、国史撰上の記録としてはいかにも略式である。とくに「紀卅巻」の「紀」が「日本書紀」のことだというのであれば、正式な名称を書くべきである。『弘仁私記』序があればこそ、これが「日本書紀」の略表記だとわかるのだが、養老四年五月条のみでは読み手がそう解釈するのはむつかしいように思う。[24]

もっとも、『続日本紀』の編者も、「系図一巻」を「紀卅巻」の一部だとは考えていなかったはずである。にもかかわらず、「修㆓日本紀㆒。……紀卅巻。系図一巻」という表現を採ったのは、いかなる理由からであろうか。

思うに、こうした記述は、両者がおなじ修史局で編纂され、しかも同時に完成したことに由来するものではあろう。前述のように、『続日本紀』が編纂されるころには、「日本紀」が「国史」の意でも使用されていたので、同じく国史編纂局でまとめられた「系図一巻」をも包括して「修㆓日本紀㆒（国史を編纂した）」という表現が採られたのであろう。[25]だとすると、養老四年五月条もいちがいに不当な表記だとは云えないのだが、両者が別物であることを明確に示そうとすれば、やはり『弘仁私記』序のような書き方をすべきだったと思う。

おわりに

以上、塚口氏の新説に刺戟を受け、『続日本紀』養老四年五月条の意味するところについて再考してきた。あらためて説明すると、「日本紀」はもとからある名称であり、「紀卅巻」と「系図一巻」の総称だったとするのが塚口説。これに対し、養老四年五月条の「日本紀」は「国史」を意味する普通名詞的用語であるというのが、拙案である。「紀卅巻」と「系図一巻」を別物とみる点では両説は一致しているが、「日本紀」が国史撰上当時の用語ではなかったとする点で、私見は塚口説とは異なる。

ただ、筆者も、以前は養老四年五月条については、おおよそつぎのように考えていた。

㈠「日本紀」は、本来なら「日本書紀」と記されるべきところだが、『続日本紀』編纂のころには「日本紀」のほうが一般的だったので、こちらを採った。

㈡ここにいう「日本紀（＝日本書紀）」は「紀卅巻」と「系図一巻」の総称であり、したがって、「系図一巻」は「日本紀（＝日本書紀）」とワンセットであった。

㈢「紀卅巻」の「紀」は、「日本書紀」の一部を採ったものであり、(26) 上文の「日本紀」との混乱を避け、あえて「紀」と表記した。

しかし、同氏の研究を承けて、自分なりに「修二日本紀一」の意味するところを再考した結果、辿りついたのがこれまでのべてきたような私案である。冒頭に掲げた「〝日本書紀〟とはなにか」という設問に対して、ここであらためて自分なりに回答するとしたら、以下のようになろう。

㈠養老四年に撰上された国史の正式名称は「日本書紀」である。

㈡「日本書紀」とは現行の『日本書紀』三十巻のことであり、「系図一巻」はふくまない。「系図」は撰日本紀所で編纂されたから〝国史〟の範疇に入れてもよいが、「日本書紀」とは別な書物である。

㈢「日本書紀」は、神代から説き起こし、神武天皇から持統天皇まで人皇四十一代を叙述した、編年体の歴史書で、書名は「日本書の本紀」に由来する。

㈣「日本書紀」は、実態に即して「日本紀」とも呼ばれるようになった。この「日本紀」は、第二の国史（『続日本紀』）が編まれたころには、それをも包括する国史の意味でも用いられた。養老四年五月条の「修㆓日本紀㆒」はまさにその実例である。

われわれは、これまで、「日本紀」が「紀卅巻」と「系図一巻」とで構成されるかのように記す、『続日本紀』の文脈を鵜呑みにしてきた。しかし、よく考えると、養老四年五月条には、国史完成の経緯を正確に伝えたとは云いがたい節がある。いまさらの変説は見苦しいが、今回それに気づいたので、これまでの私見を一部訂正したい。

塚口氏の新説は、通説の盲点を衝く、斬新な解釈だと思う。遺憾ながら、小論では、同氏とは異なる結論に至ったが、しかし、こうして「〝日本書紀〟とはなにか」という問題についてあらためて考えることができたのも、氏の提問があったからにほかならない。再考の機会を与えてくださった同氏には衷心お礼申し上げる次第である。

小論にはなお至らない点も多いと思う。大方のご批正をたまわることができれば、幸いである。

註

（1）「日本紀」「日本書紀」の用語を問題としているので、これらの用語をそのまま使用することは混乱を招くので、ここでは便宜上「国史」と称することにする。

（2）伴信友「日本書紀考」（『比古婆衣』〈『伴信友全集』巻四、国書刊行会、明治四十年四月、のち昭和五十二年八月にぺりかん社より覆刻〉一の巻所収）。『比古婆衣』一の巻の刊行は、幕末の弘化四年（一八四七）のことである。

なお、信友のほかにも、「日本紀」をもとからある名前だと考えておられるかたがいる。たとえば、折口信夫氏は、当初「日本書」という史書が構想されたが、これは実現せず、その一部である帝王本紀が完成したのでこれに「日本紀」という名称を与えたが、のちの人がそれを「日本書紀」と誤ったとみておられる（「日本書と日本紀と」〈『史学』五―二、大正十五年六月、のち同氏『古代研究』國文學篇〈大岡山書店、昭和四年四月〉所収、さらに『折口信夫全集』第一巻〈中央公論社、昭和四十年十一月〉所収）。また、小島憲之氏は、奈良時代にすでに二つの名が存していたとみて、「日本書紀」は述作物としての書名であり、「日本紀」は一般の称呼であるとしておられる（『上代日本文学と中国文学』上〈塙書房、昭和三十七年九月〉所収、二八七～二九六頁）。

（3）坂本太郎『六国史』（昭和四十五年一月、吉川弘文館、のち『坂本太郎著作集』第三巻〈吉川弘文館、昭和六十四年一月〉所収）三八頁。

（4）神田喜一郎「『日本書紀』という書名」（『日本古典文學大系　月報』第二期第一六回配本、昭和四十年、のち『神田喜一郎全集』第八巻〈同朋舎出版、昭和六十二年九月〉所収）二二六～二三〇頁。

（5）粕谷興紀「『日本書紀』という書名の由来（上）（下）」（『皇學館論叢』一六―二・三、昭和五十八年四・六月、のち荊木美行編『粕谷興紀日本書紀論集』〈燃焼社、令和三年八月〉所収）。

（6）この指摘自体は、『釈日本紀』巻第一、開題にみえるもので、『書紀集解』総論、第四「論書紀之名」に踏襲されている。粕谷説は、これらをより精緻に論証したものである。

(7)たとえば、松本裕美「日本書紀から続日本紀へ―中国の修史思想と関連して―」(『東京女学館短期大学紀要』四、昭和五十七年二月)・中村啓信「『日本書紀』から「日本紀」へ」(神野志隆光編『古事記の現在』〈笠間書院、平成元年十月〉所収)・池田昌弘「『日本書紀』書名論序説」(『佛教大学大学院紀要』三五、平成十九年三月)などがある。このうち、池田論文には委しい研究史の紹介があるので、参照されたい。

(8)塚口義信「『日本書紀』と『日本紀』の関係について」(『続日本紀研究』三九二、平成二十三年六月)。なお、同論文は、増補して豊中歴史同好会報『つどい』三四六号(平成二十八年十一月)に転載されている。

(9)この分注はおそらく直前の「帝王系図一巻」にかかるもので、「日本書紀卅巻」はふくまないと思われる。この場合の「民間」は貴族の私邸のことで(薗田香融「消えた系図一巻」上田正昭ほか『「古事記」と「日本書紀」の謎』〈学生社、平成四年九月〉所収、一三〇頁)、藤氏家伝にも用例がある。

(10)粕谷興紀「日本書紀私記甲本の研究」(『藝林』一九―二、昭和四十三年四月、のち荊木編『粕谷興紀日本書紀論集』〈前掲〉所収)。

(11)『萬葉集』左注には「日本書紀」が二例(本文参照)、「日本紀」が九例(二四・三四・三九・四四・五〇・九〇・一九三・一九五・二〇二)あり、ほかに「紀」が四例(七・一五・二二・二七)、「記」が一例(六、あるいは「紀」の誤記か)ある。松田信彦「『万葉集』編纂資料についての一考察」(『万葉古代学研究所年報』三、平成十七年三月、のち改題して松田氏『『日本書紀』編纂の研究』〈おうふう、平成十七年六月〉所収)が、全用例を網羅していて参考になるが、粕谷氏「『日本書紀』という書名の由来」(前掲)三〇三頁も参照されたい。ちなみに、『本朝月令』所引の「高橋氏文」に「兼捜検日本紀及二氏私記」「謹案日本紀」とあるのも、「日本紀」と記す古い用例(延暦十一年〈七九二〉三月当時のもの)である。

(12)一部に、現行の『日本書紀』にはみえない語句や文が散見するが、粕谷氏「日本書紀私記甲本の研究」(前掲)が指摘するように(一七~二九頁)、弘仁の講書では、講師の多人長によって『日本書紀』と深い関係にある文献が附加されている。『日本書紀』にみえない語句はそれに該当するものであって、「系図一巻」からの引用ではない。

(13) ちなみに、新訂増補国史大系第八巻に収められた「日本書紀私記甲本」の巻頭には「日本紀目録」が掲げられており、そこには、

日本紀三十巻自神武迄文武四十代　舎人親王選天武皇子

とあり、「日本紀」を塚口氏の云われる「日本書紀」の意で用いている。

(14) 引用は、張烈点校『両漢紀』下冊（中華書局、二〇〇二年六月）五九七頁による。

(15) 折口氏「日本書と日本紀と」（前掲）四九五頁。この史料は、小島氏『上代日本文学と中国文学』上（前掲）二九一頁でも紹介されている。

(16) ただし、「日本紀」が六国史全体を指すような用法は思いのほか少なく、そのような場合にはやはり「国史」と表現されるケースが多いので、本文でのべたような「日本紀」の使われかたは『続日本紀』が編纂される延暦十年代ごろに限られるのではないかと思う。

(17) 小島氏『上代日本文学と中国文学』上（前掲）は、『日本後紀』の記事にふれ、「これによれば、「日本紀」は「国史」（日本の史書）を示す普通名詞でもあり、平安初期に於て「続日本紀」・「日本後紀」などの書名の生まれる原因がここにある。養老四年の所謂「日本紀」の撰進も国史の撰進の意にも解せられ、それがやがて書名となつて呼ばれるやうにもなつたのであらうか。続日本紀や日本後紀の生れるに及んで、「前日本紀」、即ち書名としての「日本紀」が次第に固定するやうになる」（二九四頁）とのべている。小島氏が「日本紀」にはもともと「国史の意がある」とする点は、いささか筆者とは見解を異にするが（筆者は、そうではなく、『続日本紀』の編纂によって、国史が二つになり、「日本紀」の意味が拡大していったと考えている）、『続日本紀』養老四年五月条の「日本紀」を「国史」を示す普通名詞とみておられる点は、鋭い指摘だと思う。

　ちなみに、『続日本紀』の和銅七年（七一四）二月十日条には「詔二従六位上紀朝臣清人。正八位下三宅臣藤麻呂一。令レ撰二国史一」という、やはり国史編纂にかかわる記事がみえているが、ここに用いられた「国史」と養老四年条の「日本紀」とはほぼ同様の意味合いで用いられていると考えてよいであろう。

(18) たとえば、「帝王系図と古代王権―『日本書紀』の「系図一巻」をめぐって―」（『龍谷日本史研究』三八、平成二十七年三月）一一～一二頁。

(19)『本朝書籍目録』の引用は、和田英松『本朝書籍目録考証』（明治書院、昭和十一年十一月）による。

(20)この『本朝書籍目録』の記載で不思議なのは、「帝王系図」が諸氏族の系譜・『新撰姓氏録』とともに「氏族」の項に分類されていることである。分類の基準は不明だが、他の帝王系図もこの部に編入されているので、誤ってここに入っているとは考えがたい。

(21)「系図一巻」について確実なのは、㈠「系図」という熟語の普遍的な意味から判断して、その内容は系譜的記載である、㈡『続日本紀』養老四年五月条と『弘仁私記』序との比較から、「帝王系図」すなわち天皇を中心とする皇室系図であったと推測される、㈢一巻という分量を考慮すると、その記述は広範囲に及ぶものではない、という三点である。これに加えて、筆者は、『八幡宇佐宮御託宣集《はちまんうさのみやごたくせんしゅう》』に引かれた『類聚国史』の逸文や後世の「帝王系図」の記述を手がかりに、「系図一巻」には歴代天皇にかかわる、さまざまな情報が盛られていた可能性は大きいと考えている。なお、「系図一巻」についての詳細は、拙著『『日本書紀』に学ぶ』（燃焼社、令和二年三月）参照。

(22)この点について、和田英松『本朝書籍目録考証』（前掲）が、前掲の和銅七年二月十日条には「従六位上紀朝臣清人」の上に舎人親王以下、編修の命を奉じたものの姓名があったのを「『続日本紀編修者が、一二行を書き落したものとも見られる」（三七頁）とのべておられることは興味深い。説の当否はともかく、舎人親王が修史局の総裁に任じられたのも、おそらくこのころではないかと思う。

ちなみに、舎人親王は、天武天皇の第三皇子で、母は天智天皇皇女の新田部《にいたべの》皇女である。天武天皇五年（六七六）に生まれ、天平宝字三年（七五九）十一月に薨じている。『公卿補任』に年六十とあるから、『日本書紀』撰進のときには四十四歳だったことになる。親王は、持統天皇九年（六九五）正月に浄広弐を授けられ、養老二年（七一八）正月、二品から一品に昇叙している。『日本書紀』完成の前年十月には、同じく天武天皇皇子の新田部親王とともに皇太子（のちの聖武天皇）の輔翼を命じられ、内舎人・大舎人・衛士を賜い、封戸も二千戸に及んだという。また、『日本書紀』完成の三ヵ月後は、知太政官事に任じられており、歿するまでその地位にあり、新田部親王とともに、元正天皇朝から聖武天皇朝にかけ、宗室の年長として政界に重きをなした。

『日本書紀』天武天皇十年三月条にみえる帝紀及び上古の諸事を記し定めたという詔が『日本書紀』編纂の開始だとすると、川嶋皇子と忍壁《おさかべ》（刑部）皇子もそのメンバーだったことが知られるが、この二人は、それぞれ持統天皇五年（六九一）九月、慶雲二年（七〇五）五月に薨じている。天武天皇皇子では、長親王（第四皇子）と穂積親王（第五皇子）も霊亀元年（七一五）に薨じたので、天武天皇の皇子でこの事業に相応しい人物は、舎人親王を措いてほかにいなかったと云える。

(23) なお、『続日本紀』には、和銅五年正月二十八日に撰上された『古事記』についてまったく記述がない。これも、圧搾による記事の削減と関係があるように思われる。

(24) 塚口説を逆手に取れば、「日本書紀」の正式名称は「紀」だったということにもなりかねない。

(25) ここで、『新撰姓氏録』の「日本紀合」という附記についてもふれておく。周知のように、現行の『新撰姓氏録』には「日本紀合」のほか「日本紀漏」「続日本紀合」など十三種の附記が都合百二十八例みえている。こうした附記は、『新撰姓氏録』原本の逸文にはみられないので、抄本作成の段階で附された可能性が大きい（関晃「新撰姓氏録の撰進目的について」『史学雑誌』六〇―三、昭和二十六年三月、のち『関晃著作集』第五巻〈吉川弘文館、平成九年二月〉所収、二〇四～二〇五頁）。

この「日本紀合」については、ⓐ柳宏吉「新撰姓氏録に於ける「日本紀合」の附記」（『続日本紀研究』一―一二、昭和二十九年十二月）や佐伯有清『新撰姓氏録の研究』研究篇（吉川弘文館、昭和三十八年四月）三二一～三四八頁は『日本書紀』の賜姓記事との合致を記したものだとするのに対し、ⓑ薗田香融「『日本書紀』の系図について」（末永先生古稀記念会編『末永先生古稀記念古代学論叢』〈末永先生古稀記念会、昭和四十二年〉所収、のち薗田氏『日本古代財政史の研究』〈塙書房、昭和五十六年〉所収）・同氏「消えた系図一巻」（前掲）は「系図一巻」によって書き加えられたものだとしておられる。ⓐ説のように賜姓記事だとすれば、少数ではあるが例外（『日本書紀』に賜姓記事の見当たらないもの）が存することや、「日本紀合」の附記がない氏で、『日本書紀』に賜姓記事のみえるものがある、などの点をうまく説明できない。いっぽう、ⓑ説はというと、肝心の「系図一巻」が現存しないため、あくまで推測の域をでないという憾みがある。いずれが妥当か判断のむつかしいが、もし、附記にいう「日本紀」が養老四年五月条の「日本紀」とおなじ概念で用いられているとすれば、「紀卅巻」

と「系図一巻」の両方を視野に入れて考える必要がある。ただし、この点については、附記をふくむ抄本の成立がいつかという点がはっきりしないため、残念ながら、たしかなことは不明とするほかない。

(26) これについては、『萬葉集』(七・一五・二二・二七)の左注において、たんに「紀」と称して『日本書紀』の文を引用しているのが、参考になろう。

〔附記〕

小論で引いた史料のうち「日本書紀私記甲本」と六国史は、いずれも新訂増補国史大系(吉川弘文館)からの引用である。

粕谷興紀先生の日本書紀研究

荊木美行

はしがき

元皇學館大学教授粕谷《かすや》興紀《おきのり》先生は、数々のすぐれた論文を発表し、学界をリードしてこられた国語・国文学者である。

先生は、昭和十八年、福井県武生《たけふ》市（現在の越前市）のお生まれ。同三十七年四月、開学したばかりの皇學館大学文学部国文学科に入学し、同四十一年三月に業を了えられた。卒業後は、一時京都に遊学しておられたが、その後、ふたたび伊勢に戻り、皇學館大学大学院（修士課程国文学専攻）に進学。同四十六年三月には所定の課程を修め、修士の学位を得られた。大学院修了とともに母校の助手に採用された先生は、その後、講師を経て助教授へと陞り、研究者としての途を順調に歩まれた。同六十三年四月には、若くして教授に昇格されたが、惜しむらくは在任僅か四年で職を辞して帰郷されている。これは、粕谷家が代々社家を務める日野神社（福井県越前市）の祭祀に専念するためであった。郷里に戻られた先生は、日野神社に奉仕するかたわら、福井工業大学にも出講。また、春・夏二回母校で開催される神職養成講習会の講師を務めるなど、各方面で活躍されたが、平成二十九年二月に帰幽。享年七十五であった。

粕谷先生のご専門は国語学、それも上代語に関する研究が本領であった。先生が生前に発表された論文は長短三十篇を超えるが、『日本書紀』や日本書紀私記の研究は、先生が若き日の情熱を傾けたテーマであり、後年心血を濺いだ祝詞の研究とともに、先生の研究の重要な柱であった。

右の二つのテーマのうち祝詞に関しては、ご自身で平成二十五年に粕谷興紀〔注解〕『延喜式祝詞　付中臣寿詞』（和泉書院）を出版しておられる。同書は、『延喜式』巻第八祝詞にみえる二十七の祝詞と「中臣寿詞（天神寿詞）」の校訂本文・訓読文・注解と解説とを掲げたもので、まさに先生の祝詞研究の集大成である。

しかし、いっぽうの『日本書紀』については、最後まで研究をおまとめになることはなかった。そのため、すぐれた論考の多くは初出雑誌に埋もれたままであった。このことを遺憾に思った筆者は、『粕谷興紀日本書紀論集』（燃焼社、令和三年八月）の編輯を思い立ったが、このときは、紙幅の都合により収録論文について委しい解説を掲げることができなかった。そこで、今回、筆硯を新たに、関係論文の紹介を兼ねて、先生の日本書紀研究について論じることにしたい。

はじめに、対象とするおもな論文とその初出書誌を、発表年次にしたがって紹介しておく。
(1)日本書紀私記甲本の研究
（『藝林』第十九巻第二号、昭和四十三年四月、藝林會）
(2)古事記序文の「壬申の乱」―西田長男博士の所説を中心として―
（『藝林』第二十巻第一号、昭和四十四年二月、藝林會）
(3)丹鶴本日本書紀の傍注に見える古事記歌謡―古事記研究史小補―

(『皇學館論叢』第二巻第六号、昭和四十四年十二月、皇學館論叢刊行会)

(4)「久比ゝ須・支比ゝ須」清濁考―前田本日本書紀研究序説―

(『皇學館論叢』第三巻第二号、昭和四十五年四月、皇學館大學人文學會)

(5)日本書紀の受身表現形式について

(『藝林』第二十二巻第六号、昭和四十六年十二月、藝林會)

(6)元慶の日本書紀私記と原本玉篇

(『皇学館大学紀要』第十輯、昭和四十七年一月、皇学館大学)

(7)神代紀瑞珠盟約章における一問題―胸肩三女神への神勅の解釈―

(『皇學館大学紀要』第十一輯、昭和四十七年十月、皇學館大學)

(8)「人の世となりて素戔嗚尊よりぞみそもじ余りひともじはよみける」攷

(『皇学館大学紀要』第十四輯、昭和五十一年一月、皇学館大学)

(9)大草香皇子事件の虚と実―『帝王紀』の一逸文をめぐって―

(『皇學館論叢』第十一巻第四号、昭和五十三年八月、皇學館大學人文學會)

(10)推古紀の「玄聖」について

(『萬葉』第百一号、昭和五十四年七月、萬葉學會)

(11)江田船山大刀銘と稲荷山鉄剣銘のもう一つの共通点―「名」の字の用法―

(『皇學館大學史料編纂所報　史料』第三十四号、昭和五十六年三月、皇學館大學史料編纂所)

(12)日本書紀私記　応永三十五年　吉叟(道祥)写

（神宮古典籍影印叢刊編集委員会編『神宮古典籍影印叢刊2　古事記 日本書紀（下）』、昭和五十七年四月、皇學館大學刊行、八木書店製作・発売）

⒀『日本書紀』という書名の由来（上）（下）

（上は『皇學館論叢』第十六巻第二号、昭和五十八年四月、下は『皇學館論叢』第十六巻第三号、昭和五十八年六月、皇學館大學人文學會）

⒁釈日本紀と養老の講書

（『神道大系月報』六一、昭和六十一年十二月、神道大系編纂会）

⒂神代紀天石窟の段の一問題

（『萬葉』第百四十号、平成三年十月、萬葉學會）

＊⒃氏文と史書

（古橋信孝・三浦佑之・森朝男編『古典文学講座11　霊異記　氏文　縁起』、笠間書院、平成七年六月）

頭の通し番号は、便宜上筆者が附したものである（＊は、前掲論文集未収）。なお、雑誌名・号数・発行所の表記は、いずれもそれぞれの雑誌の表紙または奥付に拠ったので、若干のばらつきがあるが、あえてそのままとしている。

一、日本書紀私記の研究

先生が生前発表された論文を俯瞰すると、やはり、日本書紀私記に関するものが多い。このことからもおわかりのように、私記の研究は先生のもっとも力を注いだテーマであった。

その私記の研究で最初に発表されたのが、⑴の「日本書紀私記甲本の研究」である。それもそのはず、これは先生が昭和四十一年度に皇學館大学に提出された卒業論文である。本論文は、甲本を「後世の偽作」する築《つき》島《しま》裕《ひろし》『平安時代の漢文訓読につきての研究』（東京大学出版会、昭和三十八年三月）に対する批判だが、先生は、

㈠序に上代特殊仮名遣いの区別があること、

㈡序にみえる氏姓問題への関心が本文にも反映されている、

などの点を論拠に、築島説に異を唱えておられる。先生によれば、現在伝わる甲本の本文は、後世の不純化や崩れを数多く蒙ってはいるが、それはまさしく「弘仁私記」にほかならないという。本論文は、甲本に関する基礎的研究として、いまなお評価が高く、先生の代表作に数えるひとも少なくない。

ちなみに、⑴論文では、築島説だけでなく、石《いし》崎《ざき》正《まさ》雄《お》氏や友《とも》田《だ》吉《きち》之《の》助《すけ》氏の研究も俎上にあげられている。甲本本文に記載されている語句と『日本書紀』とを突き合わせてみると、『日本書紀』には該当する語句が見当たらないものが少なからず存在する。そこから、石崎氏は、現存『日本書紀』は弘仁時のそれとはかなり様相が異なっていたと考え、いっぽうの友田氏は、養老四年（七二〇）の撰上以前に編まれたという旧日本紀（いわゆる和銅日本紀）の存在を想定された。

これに対し、先生は、

㈠弘仁の講書では、講師の多人長によって『日本書紀』と深い関係にある文献が附加されており、『日本書紀』にみえない語句はそれにあたる、

㈡ゆえに、そうした語句を拠りどころに、現行の『日本書紀』とは異なる異本や和銅日本紀の存在を想定する考えは当たらない、

とのべ、両氏の説が成り立たないことを力説された。

和銅日本紀に関する議論は、一時期活潑だったが、現在ではこれを否定する学説が有力で、友田説も、いまでは顧みられること稀である。友田説に対しては、当時、伊野部《いのべ》重一郎《じゅういちろう》氏がもっぱら紀年論を中心に批判を展開されたが（「友田吉之助氏の所謂「旧日本紀」について」「再び友田吉之助氏の「旧日本紀」について㈠・㈡・㈢」『日本上古史研究』五―一一、七―九・一〇・一二、昭和三十六年九月、同三十八年七・九・十月）、(1)論文は、それとはちがう視点から友田説に再考を迫ったものである。

ちなみに、友田説に対する批判としては、坂本太郎「いわゆる『和銅日本紀』について」（『国史学』一〇〇、昭和五十一年十一月、のち『坂本太郎著作集』〈吉川弘文館、昭和六十三年十二月〉所収）もよく知られている。当然のことながら、この論文でも「弘仁私記」が取り上げられているが、なぜか(1)論文はふれられていない。坂本氏がこの論文をご存知ないはずはないから（『六国史』〈吉川弘文館、昭和四十五年十一月〉、のち『坂本太郎著作集』第三巻〈吉川弘文館、昭和六十四年一月〉所収、九七頁参照）、あるいはお忘れだったのかも知れないが、本来なら言及すべき先行研究である。

ところで、石崎・友田両氏を批判するなかで、粕谷先生は日本書紀私記甲本に存する、きわめて重要な資料を提示しておられる。それは、安康天皇の巻に引かれた「帝王紀」と称する一文である。この資料は、『日本書紀』安康天皇元年二月戊辰条にみえる、大草香皇子《おおくさかのみこ》事件にかかわるものだが、これを精査した先生は、のちにその成果を(9)「大草香皇子事件の虚と実」としてまとめておられる。

安康天皇紀によれば、安康天皇が、弟の大泊瀬皇子《おおはつせのみこ》（のちの雄略天皇）に大草香皇子の妹の幡梭皇女《はたびのひめみこ》（『古事記』では「若日下王」）を娶らせようとして根使主《ねのおみ》（『古事記』では「根臣」）を使者として大草香皇子のもとに派遣したという。ところが、彼は、大草香皇子が妹の贈り物として献上した押木《おしき》の玉縵《たまかずら》に目が眩み、「皇子は妹を差し出すことを拒否している」と讒言する。それを信じた安康天皇は、激怒して大草香皇子を殺害するのだが、この時、皇子に仕えていた難波吉師日香蚊《なにわのきしひかか》の父子は、主君が罪なくして死んだことを悼み、皇子の遺骸の傍らで殉死したという。

これに対し、私記甲本の引く「帝王紀」の内容はまったくちがう。すなわち、日香蚊は主君の大草香皇子のあとを追って自殺したのではなく、安康天皇の軍勢に殺されたと記すのである。しかも、そこには、『日本書紀』にみえる忠臣日香蚊の面影は微塵もなく、安康天皇側の軍衆から「蠕蜋（かまきり）」呼ばわりされる、狡猾な従者の姿が描かれている。

この逸文が『日本書紀』の原材料となった帝紀の一つであること――実際には採用されなかったが――をあきらかにされたのは、先生の功績である。『日本書紀』の原材料が弘仁年間に現存していたこと自体驚きだが、これによって帝紀の記載事項のなかには皇位継承に関する物語が存したことが証明されたのは、まことに貴重であった。

しかも、「帝王紀」と『日本書紀』を比較すると、両者に共通するのは、㈠大草香皇子に仕える従臣として日香蚊なる人物がいて、㈡彼は首を切るという形で命を落とした（自殺か他殺かは不明）、という二点のみであり、その人物評価は真っ向から対立している。

いずれの描写が真実に近いかはしばらく措くとして、『日本書紀』の編者が、日香蚊父子を忠臣とする伝承を採用したのは、いかなる理由によるものだろうか。

先生によれば、それは、天武天皇十年三月の記定事業に、日香蚊の子孫にあたる難波大形《なにわのおおがた》（天武天皇紀十年正月丁丑条によれば、草香部吉志大形は、『日本書紀』編纂がはじまる直前に難波連を賜姓されている）が参加していることと関係があるという。すなわち、日香蚊＝忠臣説が採用されたのは、大形が自家の家記を持ち出して、その説を強く推したからだというのが、先生のお説である。

右の説はきわめて説得力に富む推論であって、これにしたがえば、天武天皇十年の記定事業は、養老四年に完成する『日本書紀』編纂の開始とみてよいことになる。記定事業についてはさまざまな解釈があったが、大形関与の形迹があることを指摘した(9)論文によって、この種の議論には終止符が打たれた感がある。

ところで、先生は、甲本の研究において、たびたび養老度の講書に言及しておられるが、この問題を深く掘り下げたのが、(4)「「久比ゝ須・支比ゝ須」清濁考」である。この論文自体は、「かかと」「きびす」を意味する「久比ゝ須」「支比ゝ須」という古語の清濁を検討した、純粋な国語学的論文である。「くひびす」「きひびす」という訓みを妥当とする結論は説得力があるが、この論文でいま一つ重要なのは、前田本のなかに「養老私記」に拠った注記が存することを指摘した点にある。これは、前田本そのものの研究としても重要な指摘だが、どうしたことか、本論文は『尊経閣善本影印集成26　日本書紀』（八木書店、平成十四年四月）の「尊経閣文庫所蔵『日本書紀』解説」（石上英一・月本雅幸両氏執筆）にも引かれていない。この「解説」には「残された課題」として「本文と加筆」という項目も設けられているだけに、そこに先生の研究がみえないのはいかにも寂しい。

さて、以上の(1)・(9)論文は「弘仁私記」の研究だが、「元慶私記」を扱った(6)「元慶の日本書紀私記と原本玉篇」も秀逸な論文である。『釈日本紀』には年度や撰者名を明記せずに、たんに「私記曰」として引用されるものがかなりの数ある。しかし、その多くは私記中にみえる人物名などから、いずれの私記かを特定することが可能であって、元慶講書の関係者が登場する私記は元慶度のそれにほかならない。

こうして判明する「元慶私記」は『釈日本紀』中三十四条にのぼるが、先生はさらに進んで、

㈠この「元慶私記」の作者矢田部名実《やたべのなざね》（公望《きんもち》の父）が、「愚案」として原本玉篇を引用している、

㈡年度・撰者のわかる私記で、原本玉篇を引用するものはほかにない、

という二点から、原本玉篇を引く私記が名実の手になる「元慶私記」であることを論証されている。原本玉篇の利用に着目し、あらたに十条もの「元慶私記」を追加したのは、本論文の手柄である。

ところで、先生は、『日本書紀』完成の翌年におこなわれたと伝えられる養老五年（七二一）の講書については、一貫してその存在を認める立場を堅持された。前掲(1)論文でもその論証に努めておられるが、この講書の意義について考えたのが、(14)「釈日本紀と養老の講書」である。その主旨はつぎのとおりである。

㈠『日本書紀』はわが国の歴史や伝承を記録したものだが、その述作にあたっては漢土の書記言語である漢文体を採用した。

㈡しかし、こうした漢訳は、わが国の古語を失わせる結果を生んだ。

㈢そこで、『日本書紀』が出来上がると、こんどはそれをもとの言葉で読むことが需《もと》められ、「養老講書」はそうした必然的要求から執りおこなわれた。

「養老講書」が開講された理由については諸説あるが、この解釈は正鵠を射ていると思う。先生のように考えてこそ、『日本書紀』の完成直後に講書が開筵されたことの意味がよく理解できるのである。

ちなみに、先生の私記研究には、「養老私記」「弘仁私記」「元慶私記」に関するもの以外に、日本書紀私記乙本を扱った研究もある。(12)「日本書紀私記　応永三十五年　吉叟（道祥）写」がそれである。これは、昭和五十七年に神宮古典籍影印叢刊の一冊として、神宮文庫所蔵の日本書紀私記の写真版が刊行された際に、その解説として執筆されたものである。

神宮文庫所蔵の道祥（荒木田《あらきだ》匡興《ただおき》）の書写にかかる一本は、乙本の古写本である。同書は、神代紀上・下を対象とした私記で、本文の語句を抽出し、その訓みを萬葉仮名、もしくは萬葉仮名に正訓字を交える文によって示し、さらにはそのアクセントを示す声音を差したものである。

西宮一民氏によれば、この一本は、日本紀講筵の際の講義録や、打聞《うちぎき》のたぐいではなく、『日本書紀』の古写本に附されていた片假名訓（萬葉假名訓をふくむ）を資料としてのちに成書化されたものであるという。粕谷先生は、西宮説を大筋においては承認しつつも、その成立を鎌倉時代とし（西宮氏は、平安後期としていた）、当時、平野神社・吉田神社の神主家（卜部家）を中心として高まった『日本書紀』研究の流れを汲む、それも主流ではなく、末端に属したなんぴとかの手になるものだとされている。後述の(2)「古事記序文の「壬申の乱」」などにもいえることだが、先生は、ときとして師説に異を唱えることも辞さない。たとえ大家の説でも、納得のいかぬ結論には迎合せず、みずからの信じるところを貫く――これが先生の信念であった。

二、『日本書紀』の成立論

先生は、『日本書紀』の編纂は天武天皇十年に始まったと考えておられるが、完成までの細かな経緯に言及されることはなかった。『日本書紀』の編纂過程については、断片的な記録しか残っていないからやむをえないが、しかし、たとえば、境部石積《さかいべのいわつみ》らによる「新字《にいな》」の作成（天武天皇十一年）や紀清人《きのきよひと》・三宅藤麻呂《みやけのふじまろ》による国史の撰修（和銅七年）について、先生のお考えをうかがいたかったと思うのは、ひとり筆者だけではあるまい。

ただ、先生は、書名の由来の考察など、成立論にかかわるすぐれた論考を残しておられるので、以下はそれらを紹介したい。

まず、書名の問題に関しては、⒀「『日本書紀』という書名の由来」という長篇がある。よく知られたことだが、『日本書紀』には別に「日本紀」という称謂がある。そのことは、この書物のことを記した史料に二様の表記があることからもあきらかである。

ただ、どちらが本来の書名であったのかは、はっきりしないところがある。かつては、伴信友「日本書紀考」(『比古婆衣』一の巻所収)のように、「日本紀」を本来の書名とする説が主流であった。しかし、この説に対しては、坂本太郎『六国史』(前掲)の反論があり、その影響もあって、現在では「日本書紀」本名説を支持する研究者が多数を占めている。

ところが、この書名がどのようにして択ばれたのかについては諸説あり、定説といったものは存在しなかった。神田喜一郎「『日本書紀』という書名」(『日本古典文學大系　月報』第二期第一六回配本、昭和四十年)によれば、「日本書紀」の「書」は、『漢書』『後漢書』など紀伝体の正史にもちいられている「書」と同じであり、本来の書名は、「日本書」であったという。そして、その「日本書」には「紀」(皇帝の動静を編年順に記したもの。「本紀」とも)しかなかったので、それをあきらかにするために、書名の下に小字で「紀」と記していたが、それがいつしか書名に組み込まれたのだという。

神田氏の所説は、伝写の過程で書名が変化したとみる点に特色があるが、粕谷先生は、さらに進んで、当初から「日本書紀」が正式な書名であったと主張される。先生によれば、范曄《はんよう》が『後漢書』を撰んだとき、その「帝紀」「列伝」をそれぞれ「後漢書紀」「後漢書列伝」と題したが、これに倣って、「日本書」の「帝紀」という意味で案出されたのが「日本書紀」という書名だという。

こうした考えは、すでに『釈日本紀』巻第一、開題にみえており、近藤正齋《こんどうせいさい》（重蔵）や小川琢治《おがわたくじ》の著書にもこれを継承する見解が示されている。先生は、埋もれた学説に光を当て、その正しさをより精緻に論証してみせたのである。のちに「日本紀」という謂が定着したことについても、『日本書紀』は紀伝体ではなかったから、実態に則してこう呼ばれるようになったと考えれば、うまく説明できるのである。

もっとも、書名の問題は、これで落着したわけではない。たとえば、近年発表された塚口義信「『日本書紀』と『日本紀』の関係について」（『續日本紀研究』三九二、平成二十三年六月）によれば、「日本紀」は「日本書紀」三十巻と「系図」一巻の総称であり、「日本書紀」と「日本紀」は異なる用語だという。塚口説は、書名に関する現存史料を整合的に解釈しうるすぐれた学説であり、書名研究に新たな一石を投じた問題作である。ただ、塚口氏にしても、「日本書紀」という名称を否定しているわけではないので、粕谷先生の主張は依然有効である。

ところで、この⒀論文のほかに、『日本書紀』の成立にかかわる重要な論考として、⑵「古事記序文の「壬申の乱」」があげられる。この論文は、副題に「西田長男博士の所説を中心として」とあることからもわかるように、直接には、『古事記』序文に関する西田氏の新説を批判したものである。

西田説を一言でいえば、記序の壬申の乱に関する記述は、養老四年（西暦七二〇）に撰上された『日本書紀』の壬申紀を参照して書かれたものであるから、序の末尾にある「和銅五年（西暦七一二）正月廿八日」という日附は疑わしいというものである。

こうした西田説に対し、先生は、その論拠とするところを逐一検討、そして、いずれも壬申紀を参照したとは認めがたく、記序の日附は信頼に足ると判断された。先生の反証は一々もっともだが、なかでも、大海人皇子が、㈠夢のなかで歌を聞いて（夢歌《ゆめのうた》）皇位を継ぐことを占ったとか、㈡軍旗に赤い旗（絳旗《こうき》）を用いたとか、壬申紀にも記されていないようない事実を、太安萬侶が承知していたとする指摘は重要である。先生によれば、壬申の乱はその後の社会を大きく変革させる大事件だっただけに、当時の人々は、記序によらずとも、その経緯をよく知っていたという。

こうした指摘は、たんに西田説の批判にとどまらず、壬申の乱の史的意義にまで踏み込んだ、鋭い見解である。ところが、どうしたことか、その後の研究ではあまり注目されていない。壬申の乱の研究史に委しい星野良作『研究史壬申の乱　増補版』（吉川弘文館、昭和五十三年一月）をみても、題目こそあがっているものの、その内容にはふれるところがない。同氏は、その著書『壬申の乱研究の展開』（吉川弘文館、平成九年十月）のⅢ—三「太安萬侶と壬申の乱」において、記序と壬申の乱の関係を論じておられるが、そこに引用されているのは、もっぱら西田論文とそれに異論を唱えた西宮論文だけである。両説を批判した⑬論文は、名前すらあげられていない。『研究史』に掲出している以上、星野氏がこの論文をご存知ないはずはない。にもかかわらず、それを無視するかのような論述にはいささか合点《がてん》がいかない。

なお、粕谷先生の『日本書紀』成立論に関する研究では、⑸「日本書紀の受身表現形式について」も見逃せない。これは、先生の修士論文であり、若き日の労作の一つである。

この論文は、『日本書紀』の受身表現の形式を細かく分類し検討したもので、同書における受身表現の多様性が説かれている。先生によれば、こうした豊富な受身表現が生じる背景には、原資料の多様性があるというが、そのなかで、筆者が注目したいのは、「朝鮮資料」に独自の受身形式がみえるという指摘である。森博達《もりひろみち》氏の研究を契機として『日本書紀』の区分論はいっそう活潑になっただが、こうした「朝鮮資料」の独自性に目を向ければ、区分論にも新たな展望が拓けるのではないかに思う。

三、記紀の正確な読解

これまでのべてきたことからも知られるように、資料の徹底した読み込みは、先生の研究を貫く基本姿勢である。以下に紹介する諸論文でも、そうした正確な読解にもとづきつつ、通説に再考を迫る、鮮やかな論証が展開されている。

成稿順に、まず(7)「神代紀瑞珠盟約章における一問題」から取り上げる。

これは、天照大神が胸肩《むなかた》の三女神に下した神勅に「因教之曰。汝三神宜降居道中、奉助天孫、而為天孫所祭也」(神代紀瑞珠盟約章第一の一書)とある部分の解釈について論じたものである。先生は、先行諸説を叮嚀に検討し、さらに受身形式に関する(5)論文の成果をも援用しつつ、ここは「天孫のために祭《いつ》かれよ」と訓むのが正しいとされる。先生によれば、この神勅こそは胸肩三女神への特別の待遇を約束したものであり、こうした思想が生じた背景には、天武天皇と胸肩君徳善との間に生まれた高市皇子の存在が影響しているという。天武天皇朝における神話の改変を示唆した点には、われわれ古代史研究者も大いに興味をそそられる。

他の論文にも共通することだが、先生は、文意を正しく理解できればそれで満足というのではなく、その背後にある思想や社会情勢についても目配りを忘れない。筆者は、こうした問題意識の広がりこそが、先生の論文の醍醐味ではないかと考えている。

(8)「「人の世となりて素戔嗚尊よりぞみそもじ余りひともじはよみける」攷」は、いかにも長い題だが、『古今和歌集』の假名序の一節をそのまま表題に用いたものである。この假名序では、和歌の起源について、天・地という、中国の二元論的な思想を基本に、「天＝高天原」「地＝葦原中国」と配当し、高天原＝神の世、葦原中国＝人の世、という理解を示している。しかし、これは、中国思想をもといにしたために生じた誤解であるというのが、先生のお考えである。本論文は、題材こそ『古今和歌集』にもとめているが、神代紀の複雑な構成を問題とした、紛《まが》うことなき『日本書紀』の研究である。

つぎに、⑽「推古紀の「玄聖」について」は、聖徳太子の薨去とそれにまつわる話にみえる「玄聖」が、孔子を指すことを論証したものである。手堅い考証に支えられた、この結論だけでも論文としての命脈を失わないが、先生は、一歩進んで、この語をふくむ『日本書紀』の文章構成にまで言及されている。すなわち、先生によれば、太子の薨去を悼んで慧慈《えじ》が立てた「誓願」は慧慈のことばではなく、『日本書紀』の編者の聖徳太子観をのべたものだという。論文ではさりげなく記されているので、ともすれば見落とされがちだが、太子信仰の研究にもかかわる重要な指摘である。

最後にもう一篇、⒂の「神代紀天石窟の段の一問題」についてもふれておく。これは、神代紀第七段に引かれた第三の一書にみえる「乃使忌部首遠祖太玉命執取。而広厚称辞祈啓矣」の解釈をめぐるものである。私記が活用されているので、そちらに分類してもよいものだが、便宜上ここで取り上げる。

右の一文については、「広厚称辞祈啓矣」を太玉命をしてせしめた行為であるとする解釈がおこなわれていた。しかし、⒂論文では、そうした訓みはまちがいで、ここは天児屋命が天照大神に対し天岩窟からお出ましくださいと祈願した（祝詞を奏上した）と解すべきことがのべられている。これも直接には語法に関する議論だが、この部分の解釈は、中臣氏と忌部氏のパワー・バランスにまで発展する、きわめて重要な問題を内包している。それを見逃さない先生の炯眼には敬服のほかない。

おわりに

筆者は、最近、『粕谷興紀日本書紀論集』（前掲）の編輯のために、収録論文を読み返す機会があった。そして、堅実な考証とそれに支えられた独創的な見解にあらためて感動をおぼえた。撈海の一得というべき貴重な資料を次から次へと惜しみなく提示し、説得力のある自説を展開する手法は、われわれを魅了してやまない。古いものは、発表からすでに半世紀が経過しているが、成稿の新旧にかかわりなく、どの論考もこんにちなお学術論文としての光芒を失わない。

ただ、ここに一抹の不安がある。それは、昨今、先生の論文が忘れられつつあるのではないかという不安である。後続の論文が、ときに先生の研究を蔑《ないがし》ろにしていることは、小論でも折にふれて指摘したが、同様のことは、(3)「丹鶴本日本書紀の傍注に見える古事記歌謡」などにもいえる。この論文は小論では取り上げなかったが、掌篇ながら、丹鶴叢書本『日本書紀』に引かれる『古事記』〝逸文〟（現存本文）に注目した好論である。久保田収「中世における日本書紀の伝来」（『藝林』一九―四、昭和四十三年八月）とともに、神祇伯家における『古事記』の受容を考えるうえで逸することのできない研究であろう。

ところが、なぜか、(3)論文は、青木周平編『古事記受容史』（笠間書院、平成十五年五月）にも引かれていない。同書は、種々の典籍が引用する『古事記』〝逸文〟の綜合的研究として有益だが、丹鶴叢書本『日本書紀』の項目には、(3)論文はおろか久保田論文さえ取り上げられていない。先行研究の調査が行き届いていないといえばそれまでだか、これも、先生の論文が若い研究者の目にふれにくいからではないかと思う。

筆者が、粕谷先生の論文を蒐めて論文集を編んだのも、先生のすぐれた研究を雪泥の鴻爪とすることなく、若手研究者に伝えたいと考えたからである。微意をお汲み取りいただければ幸いである。

〔附記〕

粕谷先生のご経歴については、齋藤平「皇學館大学人物列伝㉚　粕谷興紀」（『皇學館学園報』七四、平成三十年六月二十日）を参照させていただいた。なお、齋藤氏は、皇學館大学における粕谷先生の最後の門下生で、同氏の手になる、この一文は先生の面影をよく伝えている。併せてご覧いただければ、幸いである。

新刊紹介

『事任八幡宮資料目録』

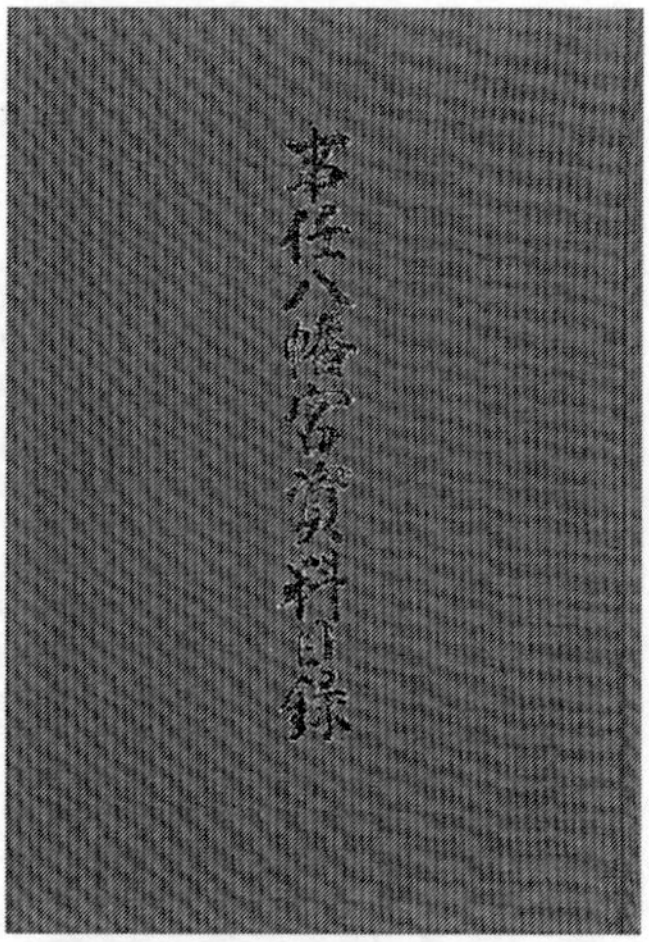

体裁　上製本　A四判　口絵四頁（カラー）・本編二三〇頁
編集　事任八幡宮古文書調査研究会
発行　宗教法人　事任八幡宮
発行日　令和元年九月三〇日
頒布価格　三〇〇〇円
頒布場所　事任八幡宮（静岡県掛川市八坂六四二）
電話　〇五三七（二七）一六九〇

目次

東海道の難所で歌枕でもあった小夜の中山。その入口に鎮座し多くの旅人を迎え入れたのが延喜式内社己等乃麻知神社、今の事任八幡宮である。鴨長明が、「さやの中山の道の口なる　ことのままといふ社あり、そこにて詠める」として、「またも来ん　わがねぎことのままならば、しばし散らすな木々のもみじ葉」という歌を残している。

事任八幡宮は、地元では「八幡さま」と親しみを込めて呼ばれている。子どもの頃どれだけ八幡さまの境内で遊んだことだろう。大きな木々が形成する豊かな神社の杜は、今も昔も地域の人々を包み込んでいる。

その事任八幡宮が所蔵する古文書などの資料目録が刊行された。資料は近世初期から現代までの約二〇〇〇点、平成二十六年から整理が始まり、神社本庁や伊豆屋伝八文化振興財団の助成を受けて進められ、発刊となった。

本書の特徴は、冒頭に掲載されている資料をもとにした年表が資料番号を付して掲載され、読者への便が図られていることだろう。年表を道標にそれぞれの資料の位置づけがわかり、読みやすくなっている。

金石文他には、棟札・祭具・制札・石造物・奉納額（社号額・絵馬・的中額・俳句額）・書画（書・画・刷物）・その他に分けられている。最も古い棟札は、慶長十三年の徳川家康の神社造営のものである。奉納額には、近在の伊達方村に住んでいた国学者石川依平が六歳の時（この時の名は為蔵）に「寿」と認めた額がある。

古文書資料は、A神社、B神主、C社領、D貢租・負担、E祭礼、F学問・諸芸、G書籍、Hその他に分類されている。本目録に掲載されている一番古い資料がCに分類されている「文禄弐年遠州佐野郡之内日（写）」で、山内一豊による太閤検地の史料である。徳川家との深いつながりも、社領に関わる資料によって知ることができる。

Aの神社では、神社の由緒などが多数残されており、造営や勧進の記録により、神社の歴史を繙く上で欠かせない資料となろう。

Bの神主に分類される資料で注目されるのが、幕末維新期の遠州報国隊関連の資料群であろう。鳥羽伏見の戦いの後、東海道を江戸へと向かった新政府軍に呼応して結成されたのが遠州報国隊であり、その中の一人が当社祀官であった朝比奈内蔵進（譽田束稲）であった。

Fの学問・諸芸では、遠州報国隊にも影響を与えた国学者石川依平にまつわる資料などが含まれている。

夏休みを子どもの頃だれもが待ち焦がれ、終わらないことを願っていただろう。ただ、私の感じていた気分は、夏休みが早く終わらないか、という真反対のものであった。その屈折した感情は、九月十三・十四・十五日に行われる八幡さまの祭礼にあった（祭礼の日程は現在変更されている）。一ヶ月以上にわたる夏休みより、三日間の祭礼が何よりも好きだった。夏休みが終わらないと祭りはやってこない。夏休みの思い出より、祭りの思い出の方が心に深く残っている。ちょうど今年（令和三年）、八幡さまで結婚式をあげた父母が金婚式を迎えた。その時の宮司は先々代であったそうだ。今はもう県外に住み祭りに参加することはなくなったが、八幡さまの祭礼と本目録に掲載された資料が末永く後世へと受け継がれていくことを願ってやまない。そして、この目録に続く資料集成の作成が進んでいると聞いており、楽しみに待ちたい。

（石神教親・桑名市役所）

【編集後記】

▼『古典と歴史』10をお届けします。当初目標としていた10号に到達したのは、大きな喜びです。これまでご寄稿いただいた先生方には心よりお礼申し上げます▼もともと、大学院に籍を置く若手研究者に発表の場を提供しようという気持ちから始めた雑誌でした（1号「創刊の辞」参照）。しかし、途中で小生が大学院担当を降りたために、院生との接点もなくなり、若手の論文は期待したほど蒐まりませんでした▼大学院担当を外れた理由はいくつかあるのですが、発端は、小生が所属する研究所からA君が学部に移籍したことです。移籍は本人の自由なので引き留めるわけにはいきませんが、後任補充に関する執行部の態度がなんとなく曖昧だったので、小生は、まず後任補充の確約をもとめました。しかし、「移籍が完了して空席が生じないことには、後任人事はできませんよ。まずはA君の移籍です」と云われて、やむなく話を進めました。しかし、案の上、補充はありませんでした▼その結果、研究所は小生のワンオペ体制となり、忙しさから大学院に出講することができなくなりました。学部の人達は「こんな結果になり、申し訳ない」と口では詫びを云います。しかし、「すまないとお思いなら、みなさんで学長に嘆願書を書いてくれませんか」とお願いしても、動いてくれる人はいませんでした。人材を割愛させられたうえに、時間を割いて学部・大学院に出講するのが馬鹿らしくなり、院生の指導にも情熱を失いました▼恩着せがましく聞こえるかも知れませんが、A君は、採用はもとより、赴任時のアパート探しから内地留学の世話まで小生が面倒をみてきた、研究所期待の若手でした。それが、今度は自分が見捨てられる形になったのは皮肉です。移籍の話が出たとき、嘘でもいいから、「自分は、最後まで荊木さんと一緒です」という言葉を聞きたかったのですが、それは身勝手というものでしょうか（もっとも、小生も本気で移籍話を潰すつもりなどありませんでした）▼今は一日中独りで仕事なので、出勤しても終日誰ともしゃべらない日が珍しくありません。北向きの日当たりの悪い研究室で、停年まで粛々と業務をこなす毎日です▼でも、あかるい話題もあります。皇學館大学元教授の粕谷興紀先生の論文集ができました。若き日の先生が情熱を傾けた『日本書紀』や日本書紀私記の研究をまとめたものです。本誌に載せた「粕谷興紀先生の日本書紀研究」は、もともと同書の解説として執筆したのですが、紙幅の都合で割愛した原稿です▼論文集は、学界関係者には割引価格で頒布できるよう、目下手配中です。部数が限られていますので、この機会におもとめください。ご案内を差し上げるまで、いましばらくお待ちください。

（荊木美行）

古典と歴史　10

令和三年九月十日　発行

企画・編集　「古典と歴史」の会

発行者　藤波優

発行所　株式会社　燃焼社

〒五五八―〇〇四六

大阪市住吉区上住吉二丁目二番二九号

TEL　〇六（六六一六）七四七九

FAX　〇六（六六一六）七四八〇

e-メール　fujinami@nenshosha.co.jp

ISBN978-4-88978-153-3

9784889781533

1923021008000

ISBN978-4-88978-153-3
C3021 ¥800E

燃焼社

定価（本体 800円+税）

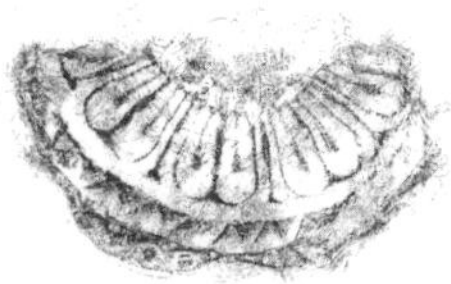

「古典と歴史」の会